Louis Weber, C.E.O.
Publications International, Ltd.
7373 North Cicero Avenue
Lincolnwood, Illinois 60646
U.S.A.

fabricado en Mexico

87654321

ISBN 1-56173-852-2

mentes activas

colores

FOTOGRAFÍAS DE

George Siede y Donna Preis

CONSULTORA

Istar Schwager, Ph.D.

amarillo

Un limón y
para la lluvia,
un impermeable

**Plátanos y dos patitos
que saben nadar**

anaranjado

Naranjas dulces,
flores en el florero

Zanahorias
y una alegre calabaza

rojo

El camión de los bomberos, cerezas recién cortadas

Un animalito de juguete,
una manzana, fresas frescas

morado

Una burbuja de chicle y
un abrigo para el frío

Una flor y
un simpático osito

azul

Unos mirtilos muy grandes y
unos trajes de baño

Unos vaqueros y un par de botas nuevas para la lluvia

verde

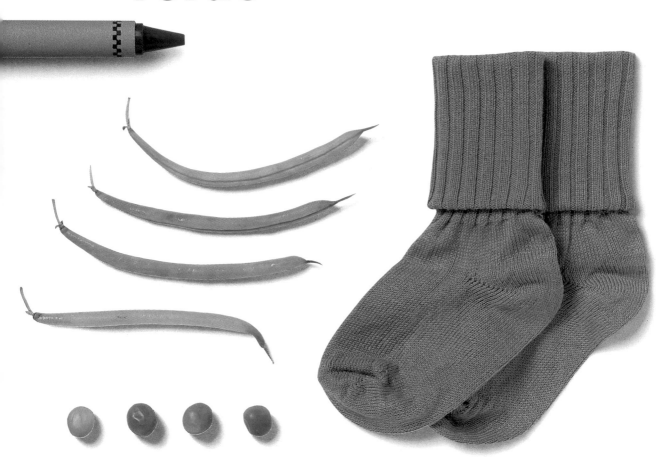

Habas verdes y arvejas,
un par de calcetines

La comida para
una tortuga, en
su cajita

café

Un perrito juguetón y
un delicioso panqueque

Galletas de crema de
cacahuate, que tú
mismo puedes hacer

negro y blanco

Una bola de nieve,
un gato misterioso

Un conejito bebé y
un sombrero mágico